Happy Within
Blij met mezelf

By Marisa J. Taylor
Illustrated by Vanessa Balleza

BILINGUAL
English - Dutch

I love the color of my skin. I am unique and beautiful within.

Ik hou van de kleur van mijn huid. Ik ben uniek en mooi van binnen.

I take pride in who I am and what I can do.

Ik ben trots op wie ik ben en op alles wat ik kan.

Being me makes me happy from within.

Mezelf zijn maakt mij gelukkig.

I love to sing, dance and play with my friends, but that is just me, that makes me happy.

Zingen, dansen en spelen met mijn vriendjes, dat maakt mij blij.

What about you? What makes you happy?

En jij? Wat maakt jou blij?

Some of my friends love to play with toys and make a lot of noise. That is okay too, because to them it brings joy.

Sommige vriendjes spelen rustig en andere juist erg wild.
Dat is oké, want daar worden zij blij van.

Some of my friends love to sing, dance and chat away. That's okay, because everyone is different and special in their own way.

Sommige vriendjes houden van zingen, dansen en babbelen. Dat is leuk, want iedereen mag zichzelf zijn. Iedereen is op zijn of haar eigen manier uniek en bijzonder.

I do my best to be the best version of me.

Ik wil de beste versie van mezelf zijn, daarvoor doe ik mijn best.

I do not compare myself to the other children I see. I am proud of who I am and free to be me.

Ik ben ik. Ik vergelijk mezelf niet met andere kinderen om mij heen. Ik ben trots op wie ik ben.

Some children will say things and make you feel sad.

Sommige kinderen zeggen dingen waar je verdrietig van wordt.

Don´t give power to their words and continue to be glad.

Luister niet naar hen en blijf je prachtige en bijzondere zelf.

Let's support one another to be the best we can be.

Laten we elkaar helpen om het beste uit onszelf te halen.

Everyone is unique in their own special way.

Iedereen is speciaal op hun eigen manier.

Be happy with who you are and what you see.

Wees blij met wie je bent en met alles wat je ziet.

It doesn't matter where in the world you are from, nor the color of your skin. BE YOU and do what makes you happy from within.

De kleur van je huid, die maakt je mooi. Wees jezelf en doe altijd wat je gelukkig maakt.

The moment you feel the butterflies inside and have a smile on your face, do more of that to make you grin.

Voel je vlinders in je buik of een lach op je gezicht? Doe zo voort, want dat is geluk!

One thing to remember in order to be happy from within...

Maar onthoud één ding, blij zijn met jezelf dat is wat je wil...

Look at yourself in the mirror and say out loud "I am the best version of me and happy within my skin."

Kijk in de spiegel en zeg hardop: "Ik ben trots op wie ik ben en ik ben blij met mezelf."

If you believe in and love yourself, you can achieve anything and win.

Als je in jezelf gelooft en van jezelf houdt,
dan kan je bereiken wat je maar wil.

Being me makes me....
Mezelf zijn maakt me....

....

What about you?
What makes you happy?

En jij? Wat maakt jou blij?

Lingo Babies

Happy Within
Blij met mezelf
Copyright © Lingo Babies, 2020

Written by Marisa J. Taylor
Illustrations: Vanessa Balleza

ISBN: 978-1-8382473-0-0 (paperback)
ISBN: 978-1-9146055-7-4 (hardcover)

Graphic Design: Clementina Cortés
Translation by Sarah van Diermen
Dutch Translation Editor: Valentine Van Dooren
Dutch Translation Editor #2: Myrthe Welten

All rights reserved. No part of this book may be reproduced or used in any matter without written permission of the copyright owner.

www.ingramcontent.com/pod-product-compliance
Lightning Source LLC
Chambersburg PA
CBHW041216240426
43661CB00012B/1066